어느 날, 오후

도시의 단조로운 대기 속으로

기적 소리가 흘러간다.

클레멘티나의 마음도 함께 흘러간다.

저 먼 곳을 향해.

지은이 **다니 토랑** Dani Torrent

스페인 바르셀로나 대학에서 순수미술로 박사 학위를 받았습니다. 회화뿐만 아니라 영상에도 관심이 많아 영화 연출 공부도 했습니다. 지금은 일러스트레이터이자 화가, 작가로 활동하며 자신만의 작품 세계를 확장해 나가고 있습니다.

★ 2022 볼로냐 도서전 선정 올해의 일러스트레이터

옮긴이 **엄지영**

한국외국어대학교 스페인어과를 졸업하고, 동 대학원과 스페인의 마드리드 콤플루텐세 대학교에서 라틴아메리카 소설을 전공했습니다. 옮긴 책으로 마리아나 엔리케스의 《우리가 불 속에서 잃어버린 것들》, 카를로스 루이스 사폰의 《영혼의 미로》, 루이스 세풀베다의 《역사의 끝까지》, 마세도니오 페르난데스의 《계속되는 무》 등이 있습니다.

Viajes en trenes de primera clase written and illustrated by Dani Torrent
© Dani Torrent
Copyright © 2022 Triqueta Editora
All rights reserved.
Korean translation rights © 2022 Dasan Books
Korean translation rights are arranged with Triqueta Editora, S.L. through Book149 Literary Agency, Spain and AMO Agency, Korea

이 책의 한국어판 저작권은 AMO 에이전시를 통해 저작권자와 독점 계약한 ㈜다산북스에 있습니다.
저작권법에 의해 한국 내에서 보호를 받는 저작물이므로 무단 전재 및 복제를 금합니다.

일등석 기차 여행

다니 토랑 글·그림 ◆ 엄지영 옮김

요요

델피 씨네 식탁에 빵이 떨어진 적은 한 번도 없었다. 그들의 형편은 끼니를 걱정할 정도는 아니었지만, 델피 씨가 원하던 수준에는 미치지 못했다. 특히 딸에게는 더 좋은 것만 해 주고 싶었다. 그는 평생 딸에게 상류 사회의 매너와 에티켓을 가르치기 위해 노력했다. 오랜 세월 행정 공무원으로 일하면서 쌓은 인맥으로 딸에게 좋은 신랑감을 구해 주는 것이 델피 씨 삶의 목표였다.

클레멘티나 델피는 우아하고 아름다운 여성으로 자랐다. 그녀의 귀족적인 자태와 나른한 표정을 보고 있자면, 남자들은 마음속에 잠들어 있던 고귀한 이상과 뜨거운 욕망이 꿈틀거리는 것을 느꼈다. 이대로라면 델피 씨가 삶의 목표를 이루는 것도 어렵지 않아 보였다.

그러던 어느 칠흑같이 어두운 밤, 하늘에 불꽃이 일었다. 귀청을 찢을 듯 날카로운 소리가 하늘을 가르더니, 이내 거대한 불길이 높이 치솟았다. 전쟁이다. 모든 곳이 불바다로 변했고, 클레멘티나가 갖고 있던 모든 것-집, 아버지, 아버지의 인맥, 그리고 약속된 미래-이 폭탄의 연기와 함께 잿더미가 되었다.

도시 전체가 폐허로 변해 버렸다. 용케 폭격을 피한 몇몇 건물은 아수라장이 된 주변을 넋이 나간 듯 멍하니 바라보았다. 그나마 다행인 건, 그 시절에는 서로 도우며 살려고 했다는 것이다. 요즘 같은 때에는 꿈도 못 꿀 일이다. 졸지에 고아가 된 클레멘티나를 불쌍히 여긴 이웃이 그녀를 위해 작은 다락방 하나를 내주었다. 매트리스 하나와 잿더미밖에 보이지 않는 작은 창문이 있는 방이었다. 클레멘티나는 그 다락방에서 나오지 않았다. 의기소침하고 우울해지는 날이면, 아침에 일어날 기운조차 없었다. 그렇게 살다 최후를 맞이하게 될 것 같았다.

중요한 순간은 항상 뜻하지 않게 찾아온다. 봄이 시작되던 첫날, 절망한 자에게만 드물게 나타나는 한 줄기 환한 빛이 클레멘티나의 머릿속에 비쳐 들었다. 불현듯 어떤 생각이 번쩍 떠오른 클레멘티나는 새롭게 마음을 가다듬고 다락방을 나왔다. 이미 자신의 삶을 영원히 바꿀 결정을 내린 뒤였다.

그녀는 아버지가 은행에 저축해 놓은 몇 푼 안 되는 돈을 찾아, 부유한 사람들이 모여 사는 동네로 향했다. 클레멘티나는 여태껏 옷 가게의 쇼윈도 앞에서 구경만 했지, 단 한 번도 안으로 들어가 본 적이 없었다. 이번엔 달랐다. 문을 열고 들어가자 작은 종이 딸랑거렸다. 은행에서 찾은 돈의 절반으로 민트색 실크 드레스 한 벌과 줄무늬가 있는 커다란 모자를 샀다. 우아하게 차려입은 클레멘티나는 다시 딸랑거리는 종소리를 들으며 옷 가게에서 나와 기차역으로 향했다.

그녀의 계획은 상당히 위험한 데가 있었다. 옷과 모자를 사고 남은 돈을 탈탈 털어 일 년 동안 일등석을 타고 여행할 수 있는 기차표를 사 버리고 만 것이다. 유명하고 품위 있는 승객들은 늘 자신만의 전용 칸에서 아무런 방해도 받지 않고, 기나긴 여행의 지루함을 덜기 위해 대화를 나누곤 했다.

클레멘티나는 일 년 동안 이 나라에서 가장 부유한 신사들과 어울리게 될 것이다.

그리고 잘하면 아버지가 그렇게나 바라던 좋은 신랑감도 찾을 수 있으리라.

여행을 시작하고 처음 몇 달-4월, 5월, 6월-은 정말 꿈처럼 흘러갔다. 클레멘티나도 모르는 사이에 봄은 이미 물거품처럼 사라지고 없었다.

일 년으로는 모자랄 수도 있겠다는 생각이 들기 시작했다. 만약 겨울이 끝날 무렵에도 그녀의 계획이 아무 결실을 거두지 못하면, 클레멘티나는 다시 그 쓸쓸한 다락방으로 돌아가 무기력하게 하루하루를 살게 될 것이 뻔했다.

여름

　　얼굴에 주근깨가 가득한 짐꾼이 이마의 땀을 훔치더니 클레멘티나에게서 가방을 받아 기차에 실으며 말했다. "기차에 탑승하신 것을 환영합니다." 그는 민트색 실크 드레스 속에 자기만큼이나 쓸쓸한 여자가 웅크리고 있다는 사실을 알아차린 것 같았다.

　　출발을 알리는 기적 소리가 울리고, 기차는 도시를 떠났다. 기차는 강한 햇볕과 전쟁에 검게 그을린 넓디넓은 벌판을 가로질러 갔다. 때때로 지붕 없는 집들이 옹기종기 모여 있는 마을이 보이기도 했다. 맨발의 어린아이들이 천진난만하게 놀고 있었다. 클레멘티나는 반쯤 열린 커튼 사이로 아이들을 바라보았다. 전쟁이 이 세상 모든 사람에게 똑같지 않다는 사실을 눈으로 확인할 수 있었다. 기차 안에서는 모든 것이 너무 멀게만 느껴졌다.

　　그러던 어느 날, 눈앞에 넓은 바다가 나타났다. 바다는 끝없이 펼쳐진 은빛 리본처럼 반짝였다. 마치 한 번도 바다를 본 적 없던 사람처럼, 클레멘티나는 신기하게 그 광경을 보았다. 그때, 그녀의 배 속 무언가가 심장을 부드럽게 어루만지면서 입 밖으로 튀어나오려고 하는 느낌이 들었다. 그런 느낌은 처음이었다.

기차가 바다와 나란히 달리는 사이, 여러 날이 흘렀다.

무더운 8월의 어느 날 아침, 점잖아 보이는 신사가 클레멘티나의 객실로 불쑥 들어왔다. 큰 몸집에 땀을 뻘뻘 흘리던 그는 포크로 돌돌 말아 놓은 스파게티 모양의 콧수염을 하고 있었다. 신사는 무심코 자리에 앉더니, 신문에 실린 경제 기사를 뚫어지게 들여다보면서 대략 15초에 한 번씩 흠칫 놀라는가 하면, 이따금 만족스럽다는 듯 끙끙거리는 소리를 내기도 했다. 하지만 더위가 턱 끝까지 차오르자, 그는 곧 신문으로 부채질을 했다. 그제야 신사는 객실에 클레멘티나가 있다는 것을 알아차렸다. "최근 몇 년 동안 이렇게 더운 여름은 없었지요." 신사의 말에 두 사람의 대화가 시작되었다.

알고 보니 그 신사는 나라를 잿더미로 만든 전쟁과 복구 사업에 자금을 지원하면서 막대한 부를 축적한 은행가였다. 그는 한가운데 강이 가로지를 정도로 넓고, 세상에서 가장 아름다운 정원이 있는 농장과 저택을 샀다. 은행가는 클레멘티나를 저택으로 초대하면서, 자기 집에서 하룻밤 묵고 가라고 청했다. 기차는 해가 떨어지기 전 은행가가 소유한 땅에 도착할 예정이었다.

기차가 역에 도착했다. 클레멘티나는 야수처럼 거친 숨을 몰아쉬는 기차를 바라보았다. 얼굴에 주근깨가 가득한 짐꾼, 오토가 그녀의 가방을 플랫폼에 내려 주었다.

"고마워요." 그녀는 청년에게 작별 인사를 하면서 말했다. "어쩌면 여기는 절대로 떠나고 싶지 않은 곳일지도 모르겠어요."

"나는 이 기차와 함께 가던 길을 계속 갈 겁니다. 이 여행이 영원히 끝나지 않는다면 얼마나 좋을까요." 청년이 대답했다. "아무쪼록 행운이 함께하기를 빌게요."

저택은 기차역 가까운 곳에 있었다. 정원은 저녁 햇살을 받아 아름답게 빛났다.

바람에 실려 오는 꽃향기에 취해 클레멘티나는 몽롱하면서도 달콤한 현기증이 일었다.

세상의 온갖 시름과 슬픔은 까맣게 잊은 채, 은행가와 클레멘티나는 산책을 즐겼다. 정원의 마지막 불빛은 깊은 한숨을 내쉬며 잠시 머뭇거리더니, 이내 밤의 어둠 속으로 몸을 감추었다.

저녁 식사가 현관 정원의 등나무 아래에 차려졌다. 와인은 모든 감각을 달콤하면서도 몽롱하게 만들었다. 식사를 마치자, 은행가는 클레멘티나를 방으로 데려다주었다.

"여기서 영원히 나와 함께 살아요. 내가 당신을 정원의 가장 아름다운 꽃이 되게 해 줄게요." 은행가가 말했다. "이곳에서 당신의 여행이 끝난다면 이 저택과, 정원과, 그것이 주는 행복과 즐거움은 모두 당신을 위한 것이 될 거예요."

"베개는 언제나 내게 최고의 조언을 해 준답니다." 클레멘티나가 대답했다. "하늘에 햇살이 비치기 시작할 무렵이면 내 대답을 듣게 될 거예요." 그녀는 방의 어둠 속으로 사라져 버렸다.

동이 틀 무렵, 새벽안개를 헤치고 기적 소리가 들려왔다. 첫 기차가 방금 떠났다. 클레멘티나의 침대에는 민트 향만 은은하게 감돌고 있었다.

가을

기차와 하루하루가 전속력으로 흘렀다. 클레멘티나는 신비에 싸인 인물이었다. 그녀가 기차 여행을 시작한 지 6개월이나 흘렀지만, 어디에서 내릴지 또 언제 다시 나타날지 아는 사람은 아무도 없었다. 기차는 여름을 뒤로하고 긴 터널 속으로 들어갔다. 어둡고 긴 터널을 빠져나오자 궂은 날씨의 가을이 기다리고 있었다. 플랫폼에는 클레멘티나가 가을과 함께 기차를 기다리고 있었다.

오토가 우산을 펴며 기차에서 뛰어내렸다. "환영합니다." 빗속에서도 그는 그녀를 금세 알아보았다. 자기만큼이나 꿈으로 가득 찬 그녀였다. 역장이 신호를 주자, 기차는 연기를 뿜으며 다시 출발했다.

헤아릴 수 없이 많은 빗방울이 유리창에 부딪히며 가을 풍경은 시시각각 변했다. 클레멘티나는 빗방울이 부르르 떨다 한데 모여 작은 개울을 이루면서 결국 창문 아래쪽으로 주르륵 흘러내리는 모습을 지켜보고 있었다. 장대 같은 빗줄기가 쏟아지는 가운데 기차는 수풀이 무성하게 우거진 나지막한 언덕 사이를 굽이치며 지나가고 있었다. 노란빛을 띤 나무들은 마치 바람에 흔들리는 불꽃처럼 보였다.

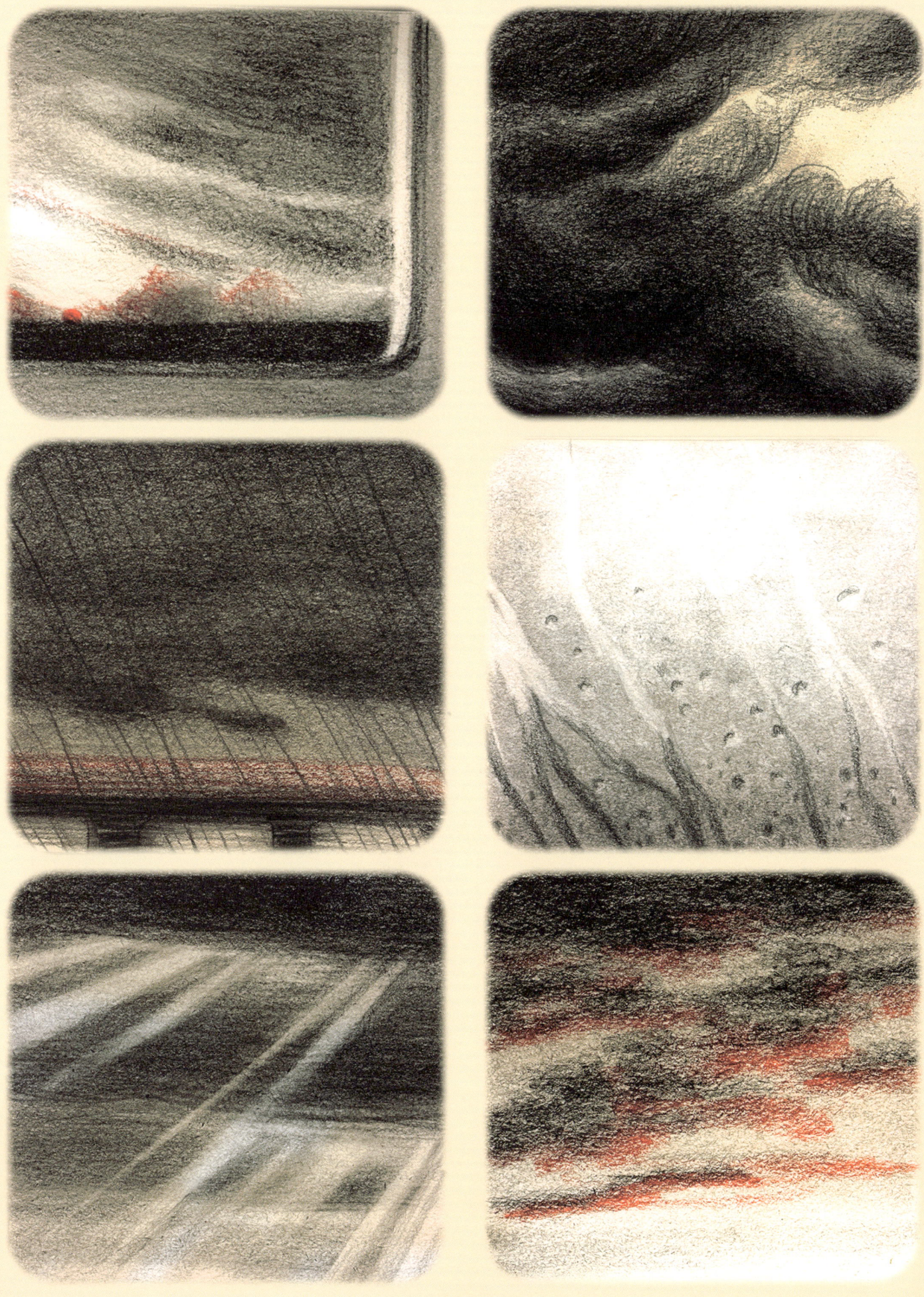

기차는 간이역에 멈추었다. 객실 문이 열리고, 몸을 털면서 사방으로 물을 튀기는 어떤 덩어리가 들어왔다. 그것은 비옷과 씨름하는 중이었다. 자세히 보니 옷에 훈장을 주렁주렁 단 군인이었다. 그는 빠르고 절도 있는 동작으로 비옷을 둥글게 말아 바닥에 내던지더니, 발로 밟으며 자신의 승리를 과시하듯 의기양양한 표정을 지었다. 그러곤 숨을 깊이 들이마셨다. 그제야 군인은 객실에 클레멘티나가 있다는 것을 알아차렸다. "최근 몇 년 동안 이렇게 비가 많이 오는 가을은 없었지요." 군인의 말에 두 사람의 대화가 시작되었다.

알고 보니 그는 장군이었다. 그는 사무실에 앉아 전쟁을 지휘한 공으로 수많은 훈장을 받았다. 이미 여러 개 소유하고 있던 귀족 작위가 더 늘어났을 뿐만 아니라, 종신 연금도 받게 되었다. 장군은 자기가 예민하고 감성적인 영혼을 가진 사람이라고 했다. 오랜 세월에 걸쳐 상상할 수도 없을 만큼 엄청난 미술 작품들을 모았는데, 그것을 꼭 클레멘티나에게 보여 주고 싶다고 했다. 장군은 클레멘티나를 집으로 초대하면서, 하룻밤 묵고 가라고 청했다. 기차는 해가 떨어지기 전 그의 도시에 도착할 예정이었다.

기차가 역에 도착하자, 짐꾼은 클레멘티나의 짐을 내렸다.

"고마워요." 그녀가 말했다. "어쩌면 여기는 절대로 떠나고 싶지 않은 곳일지도 모르겠어요."

"나는 이 기차와 함께 가던 길을 계속 갈 겁니다. 이 여행이 영원히 끝나지 않는다면 얼마나 좋을까요." 오토가 대답했다. "아무쪼록 행운이 함께하기를 빌게요."

장군은 하얀 대리석으로 꾸민 저택에서 살고 있었다. 현관 홀에서 봤을 때, 2층으로 올라가는 계단이 백조처럼 날개를 활짝 펼치는 모양새였다. 양쪽으로 나뉜 복도의 벽은 여러 가지 그림들로 뒤덮여 있었고, 바닥에는 조각상들이 줄지어 세워져 있었다.

모든 작품이 완벽했다. 구도와 완성도, 어디 하나 흠잡을 데 없었다.
작품들의 아름다움은 형식적인 완벽함을 넘어서고 있었다. 인간의 능력으로는 이해하기 어려운,

영혼의 깊은 곳을 울릴 만큼 신비로우면서도, 말로 표현하기 어려운 그 무언가가 작품들에 담겨 있었다.
클레멘티나는 두근거리는 마음과 무언가에 사로잡힌 듯한 눈빛으로 꽤 오랜 시간 넓은 홀과 복도를 돌아다녔다.

어느새 어둠이 찾아와, 촛불이 저택 구석구석을 밝혔다. 장군은 그녀를 데리고 사방이 태피스트리*로 뒤덮인 식당으로 갔다. 그들은 기다란 참나무 식탁 양쪽 끝에 자리 잡고 앉아 저녁을 먹었다. 맛있는 음식을 배불리 먹은 뒤, 장군은 클레멘티나를 방으로 데려다주었다.

"여기서 영원히 나와 함께 살아요. 내가 당신을 내 소장품 중에서도 최고의 걸작이 되게 해 줄게요." 장군이 말했다. "이곳에서 당신의 여행이 끝난다면, 내 저택과 아름다운 작품들도 모두 당신을 위한 것이 될 거예요."

"베개는 언제나 내게 최고의 조언을 해 준답니다." 클레멘티나가 대답했다. "하늘에 햇살이 비치기 시작할 무렵이면 내 대답을 듣게 될 거예요." 그녀는 방의 어둠 속으로 사라져 버렸다.

동이 틀 무렵, 새벽안개를 헤치고 기적 소리가 들려왔다. 첫 기차가 방금 떠났다. 클레멘티나의 침대에는 민트 향만 은은하게 감돌고 있었다.

---

* 태피스트리: 여러 가지 색실로 그림을 짜 넣은 직물. 벽걸이나 가리개 따위의 실내 장식품으로 쓰인다.

겨울

클레멘티나는 정처 없는 여행을 계속했다. 기차 밖의 추위는 황혼의 가을을 겨울로 물들여 놓았다. 수정처럼 맑고 투명한 악기 모양의 고드름이 기차역 지붕에 매달려 있었다.

"환영합니다." 오토가 입김을 하얗게 내뿜으며 말했다. 그는 클레멘티나의 가방을 받아 들면서, 그녀의 눈빛에서 굳은 결심과 각오를 보았다. 그가 너무나도 잘 아는 눈빛이었다.

클레멘티나는 손가락으로 차창에 여러 개의 태양을 그렸다. 차창 밖으로 새하얀 눈이 잠든 풍경을 뒤덮고 있었다. 기차는 깊이를 가늠할 수 없을 정도로 시꺼먼 연못을 피하고, 거대한 얼음 송곳니 사이를 헤치며 앞으로 나아갔다. 클레멘티나는 자신이 여전히 살아 있다는 생각에 달콤한 현기증을 느끼며 밖을 내다보았다.

하지만 겨울이 지나가면서, 클레멘티나의 설렘은 사그라들었다. 일등석을 타고 기차 여행을 할 수 있는 날이 얼마 남지 않았다. 그녀의 마음은 날이 갈수록 조바심으로 가득 찼다.

갑자기 문이 벌컥 열리면서, 검은 옷을 입은 남자 세 명이 객실로 들어왔다. 그들은 클레멘티나의 가방을 들더니 그 안에 있던 물건을 죄다 좌석 위에 쏟아부었다. 그러곤 마치 이런 물건을 처음 본 다른 행성에서 온 사람처럼 모든 물건을 샅샅이 조사하기 시작했다. 동전을 깨물어 보고 지갑을 들어 킁킁 냄새를 맡는가 하면, 부채를 세 번이나 펼쳤다 접었다. 폭발물 처리 전문가처럼 조심스럽게 콤팩트의 분가루를 휘젓기도 했다. 그들은 물건을 가방에 다시 집어넣더니 말 한마디 없이 훌쩍 사라졌다.

그러고 나자 키가 크고 용모도 준수한 신사가 들어왔다. 그는 바닥에 닿을 정도로 긴 모피 코트를 입고 있었다. 그는 불편을 끼쳐 미안하다고 말하고는 자리에 앉았다. "최근 몇 년 동안 이렇게 추운 겨울은 없었지요." 그의 말에 두 사람의 대화가 시작되었다.

알고 보니 그 신사는 산간 지역의 왕이었다. 그는 산 정상에 있는 자신의 궁전에서 전쟁과 평화에 관해, 그리고 모든 시민의 행복과 불행에 관해 단호하게 결정을 내렸다. 클레멘티나는 궁전에 관한 멋진 이야기를 이미 수없이 들은 뒤였다. 왕은 그녀가 직접 궁전의 아름다움을 확인하기를 원했다. 왕은 클레멘티나를 궁전으로 초대하면서, 하룻밤 묵고 가라고 청했다. 기차는 해가 떨어지기 전 역에 도착할 예정이었다.

검은 옷을 입은 세 남자가 달리고 있던 기차에서 뛰어내리더니 플랫폼에 있는 모든 쓰레기통을 샅샅이 뒤지기 시작했다. 아무런 위험 요소도 발견되지 않자, 세 남자가 신호를 보냈다. 그제야 왕은 클레멘티나를 대동하고 기차에서 내렸다. 그녀는 역에서 나는 끼익 소리와 호루라기 소리를 듣기 위해 그 자리에 잠시 멈추어 섰다. 짐꾼은 주근깨가 가득한 손으로 짐을 들고 그들 뒤를 따라가고 있었다.

"고마워요." 클레멘티나가 말했다. "어쩌면 여기는 절대로 떠나고 싶지 않은 곳일지도 모르겠어요."

"나는 이 기차와 함께 가던 길을 계속 갈 겁니다. 이 여행이 영원히 끝나지 않는다면 얼마나 좋을까요." 오토가 대답했다. "아무쪼록 행운이 함께하기를 빌게요."

궁전은 말로 다 표현할 수 없을 정도로 눈부시게 아름다웠다. 그녀는 넋을 잃은 듯 황홀한 눈빛으로 눈부시게 빛나는 보석들이 펼치는 춤의 향연을 바라보았다. 벽옥碧玉 기둥, 에메랄드 문, 그리고 다이아몬드 샹들리에가 거울에 반사되면서 무한하게 반복되고 있었다. 궁전은 단순한 장소가 아니라, 찬란함 그 자체였다. 눈부신 빛과 무중력, 그리고 형이상학적인 무언가가 분출되고 있는 아름다운 세계.

연회장에서 화려한 축하연이 열렸다. 클레멘티나와 왕은 세상사를 다 잊을 때까지 계속해서 춤을 추었다. 밤이 깊어지자, 그는 클레멘티나를 방으로 데려다주었다.

"여기서 영원히 나와 함께 살아요. 내가 당신을 내 왕관에서 가장 화려하게 빛나는 보석이 되게 해 줄게요." 왕은 그녀의 손에 입을 맞추며 말했다. "이곳에서 당신의 여행이 끝난다면, 나의 왕국과 막대한 부는 모두 당신을 위한 것이 될 거예요."

"베개는 언제나 내게 최고의 조언을 해 준답니다." 클레멘티나가 대답했다. "하늘에 햇살이 비치기 시작할 무렵이면 내 대답을 듣게 될 거예요." 그녀는 방의 어둠 속으로 사라져 버렸다.

눈이 소리도 없이 포근하게 내리며

온 세상을 망각의 망토로 덮고 있었다.

왕국에서의 하루는 판에 박은 듯, 똑같고 단조롭게 흘렀다. 그러던 어느 날, 어두컴컴한 방과 외진 복도에 있는 수많은 시계가 일제히 자정을 알렸다. 겨울이 끝나면서 클레멘티나의 기차표도 마침내 기한이 지나고 말았다.

그 시각, 정원에서 꺾은 장미꽃을 두꺼운 식물학책 아래 눌러 놓았던 은행가는 이미 시들어 버린 꽃을 꺼내 커다란 진열장에 넣었다. 장군은 저택의 다락방으로 올라가 작품 수를 또다시 헤아리고 있었다. 그가 다락방 문을 닫고 나오자, 다시는 아무도 그 작품들을 못 보게 하려는 듯, 짙은 어둠이 그것들을 집어삼켜 버렸다. 왕은 그동안 수집한 보석들, 시민들의 목숨보다 더 소중하게 여기던 그 보석들을 꺼내 살펴보고 있었다. 그는 보석들을 다시 보석함에 넣은 뒤 열쇠를 세 번 돌려 잠갔다. 광채를 잃고 거무스름해진 다이아몬드는 숯과 다를 것 없는 덩어리가 되고 말았다.

그리고 바로 그 순간, 세 남자는 동시에 깊은 한숨을 내쉬었다. 정원에서 가장 아름다운 꽃이자 미술 수집품 중에서 가장 뛰어난 걸작이고, 눈부시게 빛나는 보석이던 클레멘티나는 침대에 은은한 민트 향만 남긴 채, 세 번째로 아침 기차를 타고 사라져 버렸다.

봄

지붕에 쌓인 눈이 녹으면서 처마 밑으로 낙숫물이 방울방울 떨어지기 시작했다. 그렇게 떨어진 물은 하나로 모여 개울을 이루다, 산비탈을 따라 급류로 변해 콸콸 흘러내렸다. 정원과 저택, 그리고 궁전에도 봄이 찾아왔다.

오토는 마침내 기관사가 되고자 하는 꿈을 이루고야 말았다. 가끔 그는 클레멘티나가 어떻게 살고 있는지 궁금했다. 그녀도 꿈을 이루었을까? 아니면 황량한 도시로 다시 돌아갔을까? 바람이 불어오자, 플랫폼에 있던 여인들은 천국의 새처럼 화려한 깃털로 장식한 모자가 날아가지 않게 하려고 손으로 꼭 붙들었다. 신사들은 단춧구멍에 프림로즈* 꽃을 꽂고, 허공을 가르며 흩어지는 신문지를 쫓아 뛰어가고 있었다. 클레멘티나가 민트색 드레스 차림에 커다란 가방을 들고 언제든 나타날 것만 같았다.

* 프림로즈: 앵초과에 속하는 야생화로 연노란색의 꽃이 핀다.

　　　　클레멘티나가 다른 선로에 서 있던 기차에 올라탔을 때도, 오토는 그녀를 알아보지 못했다. 다른 사람이라고 생각했다. 예전처럼 화려해 보이지도 않았다. 클레멘티나도 오토를 보지 못했다. 삼등석 칸으로 거침없이 올라탄 그녀는 이등석에 앉아 샌드위치의 포장을 뜯고 있는 많은 가족을 뒤로한 채 통로를 따라 계속 걸음을 옮겼다. 마침내 일등석에 도착했다. 오래전 은행가와 장군, 그리고 왕이 나라를 잿더미로 만들고 델피 씨의 목숨마저 앗아 간 전쟁을 궁리한 바로 그곳이었다. 클레멘티나는 조금도 동요하지 않고 어떤 승객도 들어갈 수 없는 그 문을 향해 계속 걸어갔다. 그리고 문 뒤로 사라져 버렸다.

　　　　클레멘티나는 제복의 단추를 채웠다. 옷깃엔 그녀의 이름이 수놓아져 있었다. 기적 소리가 울리자 클레멘티나는 레버를 힘껏 당겼다. 기차는 포효하듯 소리를 지르고 굴뚝으로 하얀 김을 내뿜으면서 육중한 몸을 천천히 움직이기 시작했다. 조금씩 빨라지더니 마침내 역을 벗어났다.

클레멘티나의 정신은 그 어느 때보다 맑았다. 철길 사이에 핀 야생화처럼 그녀의 가슴속에서 말로 표현하기 어려운 무언가가 싹 터 올랐다. 얼마 전까지만 해도 그것이 무엇인지 알 수 없었다. 이제는 그것이 사랑이라는 걸 어렴풋이 안다. 그 누구에 대한 사랑이 아닌 여행 그 자체에 대한 사랑. 이 끝없는 여행을 계속하게 한 것은 풀리지 않는 갈망과 동경이었다.

해 질 무렵이 되었고, 기차는 레일 위를 계속해서 미끄러지듯 달렸다. 클레멘티나의 빨간 머리카락이 바람에 흩날리며 그녀의 뺨을 스쳤다. 저 멀리서 자욱한 연기가 레일 위를 내달리듯 다가오고 있었다. 맞은편에서 오는 기차였다. 그 기차는 기적을 울리며 지나갔다. 마치 "우리가 해냈어."라고 소리치는 듯했다. 클레멘티나도 기적 소리로 화답했다. "세상은 우리들의 것이야."라는 뜻이었다. 아주 짧은 순간이었지만 그녀는 주근깨투성이 손을 흔들며 전속력으로 멀어져 가는 오토의 빨간 머리를 보았다. 그들의 운명은 전혀 예상치 못한 곳에서 엇갈리며 지나가고 있었다. 둘만의 신호로 순식간에 인사를 나눈 그들은 풍경의 반대쪽 귀퉁이를 향해 계속 질주했다.

해는 마치 하늘에 불을 지르듯 맹렬한 빛을 내뿜으며 지고 있었다.
그 너머로 아직 뜨지 않은 선물 같은 지평선이 그녀를 기다리고 있을 것이다.

기차는 정원과 저택, 그리고 궁전으로 향하는 역을 지나갔다. 하지만 이제 기차는 멈추지 않는다.

미루나무들은 클레멘티나가 지나가는 모습을 보고 부스럭거리며 몸을 흔들더니,
곧 다시 자기들끼리 조용히 대화를 이어 나갔다.

왜 그런지 아는 이는 아무도 없었지만,
공기 중에 민트 향이 은은하게 감돌고 있었다.

일등석 기차 여행

초판 1쇄 인쇄 2022년 10월 18일
초판 1쇄 발행 2022년 10월 27일

지은이 다니 토랑
옮긴이 엄지영

펴낸이 김선식
펴낸곳 다산북스

경영총괄이사 김은영
어린이사업부총괄이사 이유남
책임편집 이효진 디자인 김은지 책임마케터 송지은
어린이콘텐츠사업3팀장 한유경 어린이콘텐츠사업3팀 이효진 전지혜
어린이디자인팀 남희정 남정임 김은지 이경아
어린이마케팅본부장 김창훈 어린이마케팅1팀 임우섭 최민용 김유정 박상준 송지은 어린이마케팅2팀 문윤정 이예주
저작권팀 한승빈 김재원 이슬
재무관리팀 하미선 윤이경 김재경 안혜선 이보람
인사총무팀 강미숙 김혜진 황호준
제작관리팀 박상민 최완규 이지우 김소영 김진경 양지환
물류관리팀 김형기 김선진 한유현 민주홍 전태환 전태연 양문현 최창우

출판등록 2005년 12월 23일 제313-2005-00277호
주소 경기도 파주시 회동길 490
전화 02-704-1724 팩스 02-703-2219
다산어린이 카페 cafe.naver.com/dasankids 다산어린이 블로그 blog.naver.com/stdasan
종이 한솔피엔에스 인쇄 북토리 후가공 평창피앤지 제본 대원바인더리

ISBN 979-11-306-9412-2 07870

• 책값은 뒤표지에 있습니다.
• 파본은 본사 또는 구입한 서점에서 교환해 드립니다.
• 이 책은 저작권법에 의하여 보호를 받는 저작물이므로 무단 전재와 복제를 금합니다.

• 오오는 무한 상상을 꿈꾸는 다산북스의 브랜드입니다.